¿Qué pasa con eso?

¿Qué pasa con el agua?

por Charlie W. Sterling

Bullfrog
en español

Ideas para padres y maestros

Bullfrog Books permite a los niños practicar la lectura de textos informativos desde el nivel principiante. Las repeticiones, palabras conocidas y descripciones en las imágenes ayudan a los lectores principiantes.

Antes de leer

• Hablen acerca de las fotografías. ¿Qué representan para ellos?

• Consulten juntos el glosario de las fotografías. Lean las palabras y hablen de ellas.

Durante la lectura

• Hojeen el libro y observen las fotografías. Deje que el niño haga preguntas. Muestre las descripciones en las imágenes.

• Léale el libro al niño o deje que él o ella lo lea independientemente.

Después de leer

• Anime al niño para que piense más. Pregúntele: ¿Has pensado acerca de qué pasa con el agua? ¿Qué más te gustaría aprender acerca de ella?

Bullfrog Books are published by Jump!
5357 Penn Avenue South
Minneapolis, MN 55419
www.jumplibrary.com

Library of Congress Cataloging-in-Publication Data

Names: Sterling, Charlie W., author.
Title: ¿Qué pasa con el agua? / por Charlie W. Sterling.
Other titles: Where does water go?. Spanish
Description: Minneapolis, MN: Jump!, Inc., [2021]
Series: ¿Qué pasa con eso? | Includes index.
Audience: Grades K–1 | Audience: Ages 5–8
Identifiers: LCCN 2020017748 (print)
LCCN 2020017749 (ebook)
ISBN 9781645275954 (hardcover)
ISBN 9781645275961 (paperback)
ISBN 9781645275978 (ebook)
Subjects: LCSH: Sewage disposal—Juvenile literature.
Classification: LCC TD741 .S7418 2021 (print)
LCC TD741 (ebook) | DDC 628.3/6—dc23

Editor: Jenna Gleisner
Designer: Molly Ballanger
Translator: Annette Granat

Photo Credits: DamianPalus/iStock, cover; AlexussK/Shutterstock, 1; stuar/Shutterstock, 3; son Photo/Shutterstock, 4; Khosro/Shutterstock, 5; Dmitry Naumov/Shutterstock, 6–7, 22tl, 23tl; baona/iStock, 8, 22tr, 23tm; Love the wind/Shutterstock, 9; Lisajsh/Shutterstock, 10–11; Vladimir Zapletin/iStock, 12–13, 22br, 23bl; savanterpor/Shutterstock, 14, 23tr; Bim/iStock, 15, 22bm; marekuliasz/Shutterstock, 16–17, 22bl, 23br; twohumans/iStock, 18–19 (top); Kdonmuang/Shutterstock, 18–19 (bottom), 23bm; Kdonmuang/Shutterstock, 20–21; Novac Vitali/Shutterstock, 24.

Printed in the United States of America at Corporate Graphics in North Mankato, Minnesota.

Tabla de contenido

Por las tuberías

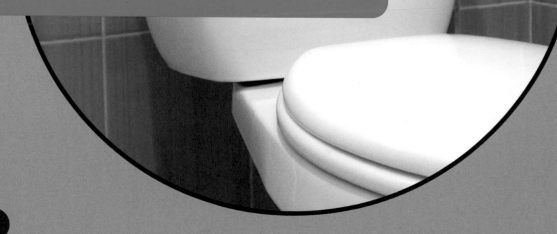

Daniel tira de la cadena del inodoro.

Beatriz se lava las manos.

El agua baja
por el desagüe.

¿Y luego qué
pasa con ella?

desagüe

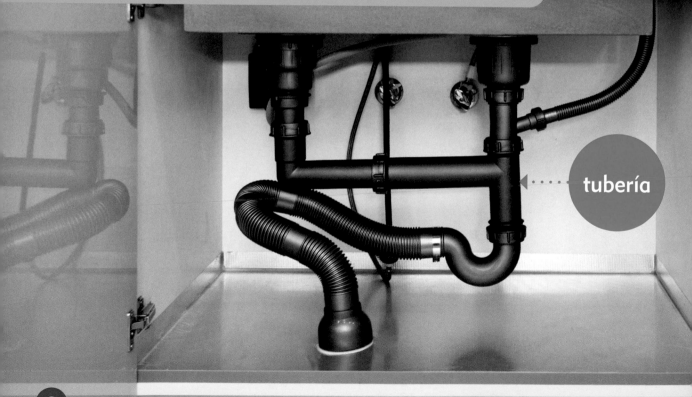

Los desagües están conectados a las tuberías.

tubería

Las tuberías llevan
el agua hacia abajo.

¡Qué genial!

tubo de desagüe

tubo de aguas negras

Ellas se conectan a tuberías más grandes.

No las podemos ver.

¿Por qué?

Están debajo de la tierra.

Estos tubos se
conectan con varias
alcantarillas.

Estas forman parte
del alcantarillado.

alcantarilla

¿Y luego adónde va?

El agua va a una planta.

planta de tratamiento de aguas residuales

agua

La limpian.

Regresa al suministro de agua.

¡En forma de ríos!

¡Qué bueno!

río

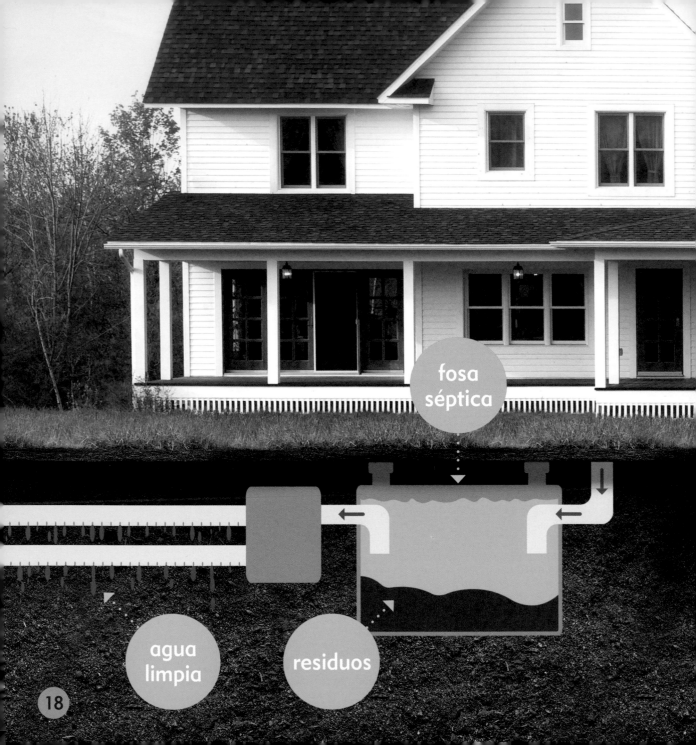

fosa
séptica

agua
limpia

residuos

18

Algunos hogares tienen una fosa séptica.

Está debajo de la tierra.

El agua se limpia.

Regresa a la tierra.

Usamos agua todos los días.

¿Qué pasa con tu agua?

Lo que pasa con el agua

¿Qué pasa con el agua después de que deja tu hogar si no tienes una fosa séptica? ¡Echa un vistazo!

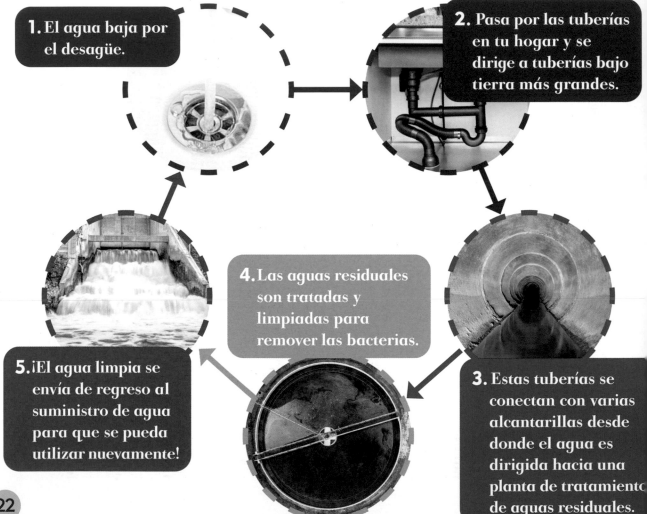

1. El agua baja por el desagüe.

2. Pasa por las tuberías en tu hogar y se dirige a tuberías bajo tierra más grandes.

3. Estas tuberías se conectan con varias alcantarillas desde donde el agua es dirigida hacia una planta de tratamiento de aguas residuales.

4. Las aguas residuales son tratadas y limpiadas para remover las bacterias.

5. ¡El agua limpia se envía de regreso al suministro de agua para que se pueda utilizar nuevamente!

Glosario de fotografías

alcantarilla
Un túnel subterráneo que transporta agua drenada, residuos líquidos y sólidos.

desagüe
Una apertura que conduce a una tubería que se lleva líquidos.

fosa séptica
Un contenedor grande para líquidos o gases.

planta
Un edificio y el equipo dentro de éste que llevan a cabo un proceso.

tuberías
Tubos que transportan líquidos o gases.

suministro de agua
La fuente, los medios o el proceso de suministrarle agua a una comunidad.

Índice

Para aprender más

Aprender más es tan fácil como contar de 1 a 3.

❶ Visita www.factsurfer.com

❷ Escribe "¿Quépasaconelagua?" en la caja de búsqueda.

❸ Elige tu libro para ver una lista de sitios web.